Lovely you

MEIN EINTRAGEBUCH

Lovely you

MEIN EINTRAGEBUCH

Inhalt

Alles über mich

freundschaft

Beauty & Style

Freizeit

Lernen & Achtsamkeit

Social Media

DIESES BUCH
GEHÖRT:

Das bin ich

Stell dich vor und verrate diesem Buch alles über dich!

Name: ....

Spitzname: ....

Wohnort: ....

Alter: ....

Geburtstag: ....

Größe: ....

Augenfarbe: ....

Haarfarbe: ....

Besondere Kennzeichen: ....

Familie: ....

Haustiere: ....

Klebe hier das
schönste Bild
von dir ein.

Und hier kannst du
das Bild von dir einkleben,
das du am wenigsten magst.

Wenn du willst, kannst
du es mit Verzierungen
verunstalten.

Du bist MEHR als dein Name!

Dein Name sagt nicht alles über dich aus. Jetzt wird es Zeit, dass du dich genauer unter die Lupe nimmst und dich selbst besser kennenlernst!

Was sind deine größten Schwächen?

Was sind deine größten Stärken?

Was macht dich aus?

Was ist deine
allererste Erinnerung?

Was unterscheidet
dich von anderen?

Was ist der
Sinn des Lebens für dich?

Watercolour-Handlettering

Ganz gleich, ob du eine wunderschön gestaltete Nachricht an deine BFF schreiben oder dein Namensschild an der Zimmertür neu gestalten möchtest: Mit schöner Watercolour-Schrift wird das Ergebnis zauberhaft.

SO GEHT'S

1 Feuchte das Papier auf beiden Seiten an.

2 Fixiere das Papier an einer Seite mit Washi Tape auf der Arbeitsfläche.

3 Streiche das Papier glatt, spanne es und fixiere es auf der gegenüberliegenden Seite mit Washi Tape. Wiederhole den Schritt mit den beiden anderen Kanten.

4 Jetzt kanns losgehen! Auf den nächsten Seiten findest du Alphabete mit verschiedenen Schriften. Nimm dir die Buchstaben als Vorlage und gestalte deinen Namen, deine Initialen oder einen Spruch mit Pinsel und Aquarellfarbe im Watercolour-Stil.

5 Zum Schluss alles gut trocknen lassen und Washi Tape lösen.

DU BRAUCHST
- Aquarellfarbe
- Handlettering-Papier (mindestens 300 g/m2)
- Rundpinsel
- Flachpinsel
- Wasserglas
- Washi Tape oder Nassklebeband
- Sprühflasche mit Wasser

ABCDE
FGHIJK
LMNOP
QRSTUV
WXYZ&

you
L**OO**K
good
TODAY

LIVE
Love
LAUGH
♥

WER
schön
SEIN
will
MUSS
lachen

You name it!

Zähle auf dieser Seite die coolsten Namen auf, die du kennst. Das können entweder Namen sein, die du selbst gerne hättest, oder Namensideen für Puppen oder Haustiere.

Auf dieser Seite zählst du die uncoolsten Namen auf,
die du kennst. So würdest du niemals heißen wollen und
hast Mitleid mit jeder Person, die diesen Namen trägt.

Deine Zukunft

Wie soll deine ideale Zukunft aussehen?
Wenn du möchtest, kannst du auch ergänzen,
ob diese Träume realistisch sind oder
wohl eher Träume bleiben werden.

Beruf

Familie

Freunde

Traumcollage

Welche Träume oder Ziele hast du im Hinblick auf deinen Beruf, deine Hobbys, Urlaube oder deine Freizeit? Mit einer Traumcollage – auch Vision Board genannt – hast du sie immer vor Augen und kommst der Verwirklichung einen Schritt näher.

SO GEHT'S

1 Suche in alten Magazinen oder Zeitungen schöne Bilder oder Sprüche, die dich inspirieren oder die deine Ziele ausdrücken, und schneide sie vorsichtig aus. Du kannst natürlich auch Bilder aus dem Internet ausdrucken oder Aufkleber benutzen.

2 Lege nun deine Ausschnitte und Bilder auf den Fotokarton. Probiere zuerst aus, wie das Gesamtbild aussieht, bevor du alles festklebst. Die Elemente auf deinem Vision Board können auch überlappen, solange die wichtigsten Bilder gut zu erkennen sind.

3 Zum Schluss klebst du alles fest und hängst dein fertiges Vision Board da auf, wo du es gut siehst, zum Beispiel über deinen Schreibtisch oder neben dein Bett.

DU BRAUCHST

- alte Magazine, Zeitungen, schöne Bilder oder Aufkleber
- Fotokarton in der Farbe deiner Wahl, A2
- Klebestift
- Schere

Dein Ziel vor Augen

Anstatt auf Fotokarton (siehe S. 20) kannst du ein kleines Vision Board auch auf diesen Seiten gestalten! Klebe alles auf, was dich inspiriert.

Passt dein *Sternzeichen* zu dir?

Manche Menschen glauben, dass das Sternzeichen
vieles – wenn nicht sogar alles – über jemanden verraten.
Passt deins zu dir?

Wassermann (21.1.–19.2.)

Intellektuell · Hilfsbereit · Kommunikativ

Fische (20.2.–20.3.)

Gutmütig · Einfühlsam · Fantasievoll

Widder (21.3.–20.4.)

Ehrlich · Fürsorglich · Spontan

Stier (21.4.–20.5.)

Geduldig · Hartnäckig · Zuverlässig

Zwillinge (21.5.–21.6.)

Flexibel · Intelligent · Sympathisch

Krebs (22.6. – 22.7.)

Sensibel · Introvertiert · Vorsichtig

Löwe (23.7.–23.8.)

Gerecht · Selbstbewusst · Zielstrebig

Waage (24.9.–23.10.)

Fair · Loyal · Harmoniebedürftig

Jungfrau (24.8.–23.9.)

Vernünftig · Zurückhaltend · Zuverlässig

Skorpion (24.10.–22.11.)

Mutig · Höflich · Direkt

Schütze (23.11.–21.12.)

Weltoffen · Wissbegierig · Aufrichtig

Steinbock (22.12.–20.1.)

Ehrgeizig · Willensstark · Selbstständig

things I love

Lieblingsfarben, Lieblingstiere, Lieblingsbücher ...
hier kannst du deine Top 3 eintragen.

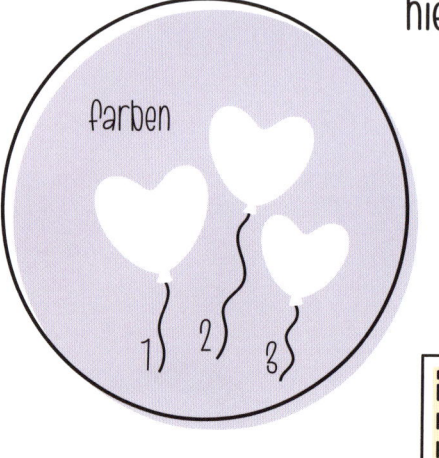

farben

1) 2) 3)

filme

1
2
3

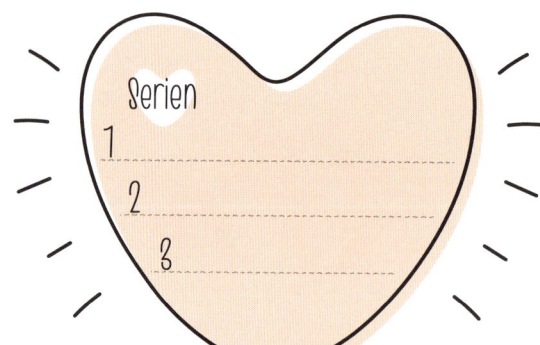

Serien

1
2
3

Tiere

1
2
3

Bücher

1
2
3

Songs

1
2
3

Getränke

1
2
3

27

Wer bin ich wirklich?

Welche Aussagen treffen auf dich zu?
Kreuze sie an und erfahre mehr über deinen Charakter.

Ich konzentriere mich am liebsten auf mich selbst. ☐ ODER ☐ Ich bin immer für meine Freunde da.

Alles in meinem Leben muss schnell erledigt werden, ich habe nicht unendlich Zeit. ☐ ODER ☐ Für Aufgaben nehme ich mir die Zeit, die ich brauche.

Wenn eine Freundin mir ein Geheimnis verrät, erzähle ich es sofort weiter. ☐ ODER ☐ Geheimnisse sind bei mir sicher, ich schweige wie ein Grab.

Ich spreche fremde Leute ohne Probleme an. ☐ ODER ☐ Ich spreche in der Anwesenheit von fremden Leuten eher weniger.

Wenn ich einen Crush auf eine Person habe, dann sage ich es ihr auch. ☐ ODER ☐ Mein Crush wird niemals erfahren, dass ich ihn/sie mag.

Bei einem Problem vertraue ich auf mein Herz oder auf mein Bauchgefühl. ☐ ODER ☐ Bei Problemen mache ich eine Pro- und Kontra-Liste.

In meinem Zimmer hat alles seinen Platz und ich kann innerhalb von Sekunden alles finden. ☐ ODER ☐ Mein Zimmer gleicht einem Minenfeld und ohne gute Balance hat man hier keine Chance!

Wenn ich einen Fehler mache, stehe ich dazu und nehme die Konsequenzen auf mich. ☐ ODER ☐ Ich mache nie Fehler, das ist immer die Schuld von anderen Leuten!

Ich bin supergerne alleine, lese und höre Musik. ☐ ODER ☐ Ich könnte 24/7 mit meinen Freunden verbringen.

So was Blödes!

Das Leben ist nicht immer gute Laune und Sonnenschein,
sondern manchmal auch peinlich oder ärgerlich.
Wie sieht das bei dir aus?

Meine peinlichsten Erlebnisse

1
2
3

Das bringt mich
immer auf die Palme

1

2

3

Davor habe ich Angst

1
2
3

Arghhh!

1

2

3

Meine nervigsten
Angewohnheiten

1

2

3

Das hat mich am
meisten enttäuscht

1

2

3

Wie eklig!

Was ekelt dich so richtig an?
Das seltsame Nachbarskind, das immer eine Rotznase hat?
Oder der komisch riechende Eintopf von Oma?

2

3

Egal, was es ist,
zeichne es hier und werde
deinen Ekel los!

Dein Leben als Playlist

Welche Lieder passen am besten zu den
verschiedenen Situationen?

Deine Laune
im Moment:

Lieder deiner
Kindheit:

Zum Tanzen:

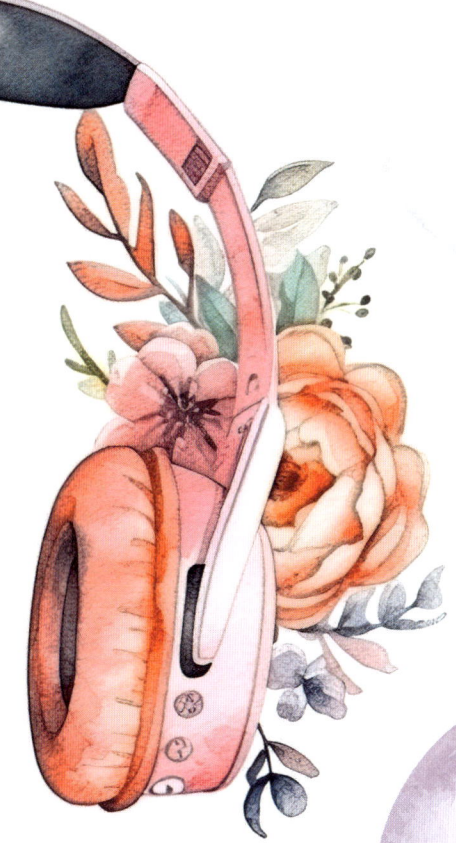

Könnte in
Dauerschleife laufen:

Macht sofort
gute Laune:

Dein Main
Character Moment:

Gute Vorsätze?
So klappts!

Du willst endlich mal das Chaos in deinem Zimmer beseitigen? Vielleicht hast du dir auch vorgenommen, in Mathe endlich eine Zwei zu schreiben. Oder dein Ziel ist, weniger Zeit am Handy zu verbringen. Gerade bist du supermotiviert. Aber wie gelingt es dir, dein Ziel zu verwirklichen?

Schritt für Schritt

Wahrscheinlich wirst du dein Zimmer nicht an einem Nachmittag von einem Tohuwabohu in ein Insta-fähigen Raum verwandeln. Räume jeden Tag einen kleinen Bereich auf. Fang mit einer Ecke an, die dir leichtfällt. So siehst du schnell Erfolge. Auch die Zwei in Mathe kannst du so angehen. Rechne jeden Tag 10–15 Minuten ein paar Aufgaben. Durch die ständige Beschäftigung beherrschst du den Stoff nach und nach immer sicherer.

Kleine Erfolge

Nimm dir nicht zu viele Ziele auf einmal vor. Das kann dazu führen, dass du dich verzettelst und keins davon erreichst. Fang mit einem Ziel an. Wenn du kleine Erfolge siehst, machst du die ersten Schritte, um deinen nächsten Vorsatz zu verwirklichen.

Think positive!

Wenn das Wort „weniger" in deinem Vorsatz enthalten ist, überlege dir, was du stattdessen „mehr" machen möchtest. Statt „weniger Zeit am Handy verbringen" könntest du dir vornehmen, mehr Zeit mit deiner Freundin oder deinem Freund (ohne Handy) zu verbringen oder ins Kino zu gehen. Wenn du „weniger Süßigkeiten" essen möchtest, sind vielleicht Nüsse als Snack zwischendurch eine gute Alternative?

Mach eine Challenge

Such dir Verbündete oder mach eine Challenge daraus. Vielleicht hat deine BFF dieselben Ziele? Zieht die Sache zusammen durch und motiviert euch gegenseitig. Mehr Spaß macht es auf jeden Fall!

Dieses Jahr werde ich...

Was würdest du gerne dieses Jahr erreichen?
Wenn das Jahr schon fast vorbei ist, kannst du auch
Vorsätze für das nächste Jahr aufschreiben.

Wie würdest du reagieren?

Vervollständige die folgenden Sätze, sodass
sie am besten zu dir passen.

Wenn mich jemand lobt,
....

....

Wenn ich mal etwas falsch mache,
....

....

Besonders wohl fühle ich mich, wenn
....

....

Am liebsten träume ich von
....

....

....

Wenn's mal nicht so läuft, wie ich will,

Wenn mich jemand kritisiert,

Wenn mich jemand beleidigt,

Wenn mir jemand ein Kompliment macht,

Wenn ich sehe, dass eine andere Person schlecht behandelt wird,

Was denkst du wirklich?

Manche Meinungen kann man nicht mit jedem teilen.

Was denkst du zum Beispiel wirklich über deine Lehrer,
deine Eltern oder Freunde? Oder über das Leben im Allgemeinen?

Hier kannst du alles aufschreiben,
ohne dass es jemals jemand erfährt.

Schlechte Laune? Das hilft!

Schlechte Laune kann öfters vorkommen und ist auch gar nicht schlimm. Damit du dich aber trotzdem bald wieder besser fühlst, kommen hier ein paar Tipps, wie die gute Laune zurückkommt.

♥ Höre deine Lieblingslieder.

♡ Rufe eine gute Freundin an.

♥ Schaue deinen Lieblingsfilm oder deine Lieblingsserie.

♡ Geh raus an die frische Luft.

♥ Singe und tanze zu guter Musik.

Was hilft dir persönlich immer gegen schlechte Laune?

No rain, no flowers

Manchmal will die Sonne einfach nicht scheinen, aber das ist kein Problem. Auch bei Regen gibt es viele Dinge, die man im Haus tun kann.

Lesen

Spieleabend mit Freunden oder Familie

Tagebuch schreiben

Filmabend

Malen

Etwas Neues lernen

Puzzeln

Home-Workout
machen

Zimmer
aufräumen

Meine Vorbilder

Wessen Style hättest du auch gerne? Wer inspiriert dich?
Von wem kannst du noch einiges lernen?

Sänger / Schauspieler /
Sportler

Style

Umwelt /
Nachhaltigkeit

Beruf

Social Media

Stärke dein Selbstbewusstsein

Jeder Mensch kann selbstbewusster werden.
Man muss einfach damit anfangen. Hier kommen ein
paar Tipps, die du ausprobieren kannst.

Du bist du

Vergleiche dich nicht mit anderen. Du hast deine eigenen Stärken und – so wie jeder andere Mensch auch – deine Schwächen. Mach sie dir bewusst. Feiere deine Stärken und nimmt deine Schwächen an.

Lass fehler zu

Selbstbewusst zu sein, heißt nicht, perfekt zu sein. Fehler machen ist menschlich. Steh offen dazu. Nur so hast du die Gelegenheit, dich weiterzuentwickeln.

feiere Erfolge

Schreib auf, was dir heute, diese Woche oder im letzten Jahr richtig gut gelungen ist. Trau dich, was Neues auszuprobieren, und feiere dich, wenn es klappt!

Achte auf deine Körpersprache

Wer mit hängenden Schultern, gesenktem Kopf und verschränkten Armen durch die Gegend läuft, wirkt nicht sonderlich selbstbewusst. Mach den Test und geh aufrecht, mit erhobenem Kopf und einem Strahlen im Gesicht herum und schau deinem Gegenüber in die Augen. Wie fühlst du dich? Und wie reagiert dein Gegenüber?

All about gifts

Was wünschst du dir zum Geburtstag oder zu Festtagen?
Hier kannst du all deine Wünsche eintragen.

Geburtstag

Die großen Feste

Sonstiges

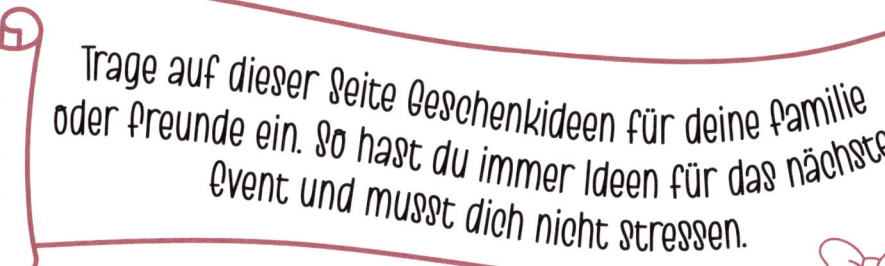

Trage auf dieser Seite Geschenkideen für deine Familie oder Freunde ein. So hast du immer Ideen für das nächste Event und musst dich nicht stressen.

für wen?	Was?

Dream a little dream ...

Hattest du auch schon mal Träume, die sich wiederholt haben? Oder Träume, die so schön oder gruselig waren, dass du sie einfach nicht vergessen kannst? Hier kannst du sie aufschreiben.

Herz-Stickerei

Auf Jeans, T-Shirt oder Sommerrock – mit einer Stickerei kannst du im Handumdrehen deine Klamotten personalisieren. Besonders gut eignet sich dazu der Kreuzstich. Wie wär's mit einer Love-Message für deine Bff oder deinen Crush?

DU BRAUCHST

- Stickgarn
- Sticknadel
- wasserlöslicher Stramin

SO GEHT'S

1 Übertrage das Stickmotiv auf den Stramin. Jeder Kreuzstich wird in einem gedachten Quadrat gestickt, dessen Ecken die Zwischenräume der gekreuzten Fäden kennzeichnen. Fädle das Stickgarn auf die Sticknadel.

2 Lege das Stramin-Stück auf den Stoff. Achte darauf, dass der Stoff glatt liegt. Stich mit der Nadel in der Hinreihe für den ersten Teil des Kreuzstichs im gedachten Quadrat unten links aus und rechts oben ein. Führe die Nadel senkrecht nach unten und stich für die nächste Diagonale wieder unten links aus und oben rechts ein.

3 In der Rückreihe machst du die Stiche genau gegenläufig, sodass innerhalb der gedachten Quadrate jeweils ein Fadenkreuz entsteht.

4 Arbeite dich Reihe für Reihe vor. Schneide zum Schluss den Faden ab, vernähe die Fadenenden und lege die Stickarbeit 5–10 Minuten in warmes Wasser, um den Stramin aufzulösen.

Hier kannst du üben – ganz ohne Stoff:
Sticke das Herz auf dieser Seite nach.

... öffne mich am:

Liebes zukünftiges Ich, ...

Klebe einen Briefumschlag auf die linke Seiten und
schreibe einen Brief an dein zukünftiges Ich.

Den Zeitpunkt, zu dem du den Brief öffnest, kannst du
dir selbst aussuchen. Ob in einem Jahr, fünf Jahren
oder sogar erst zehn Jahren, ist egal, solang du nicht
schummelst und den Brief tatsächlich erst dann liest.

Best friends forever?

Wie gut kennst du deine Bff wirklich?
Beantworte die fragen über sie und finde am Ende heraus,
ob ihr tatsächlich so gute freunde seid, oder eher Bekannte.

1 Ihr voller Name:

2 Die Namen ihrer familienmitglieder:

3 Ihre Haustiere und deren Namen:

4 Ihr Geburtstag:

5 Ihr Lieblingsessen:

6 Ihre Lieblingsfarbe:

7 Ihr Lieblingstier:

8 Ihre Hobbys:

9 Das macht sie am liebsten: ....

10 Ihr Crush: ....

11 Ihr größtes Geheimnis: ....

....

12 Ihr peinlichster Moment:

....

....

13 Das wünscht sie sich am meisten:

....

....

14 Darüber lacht sie am liebsten:

....

....

15 Das will sie mal werden: ....

Auswertung

Für die Fragen 1-10 kannst du jeweils einen Punkt erreichen.
Die Fragen 11-16 sind 2 Punkte wert.

1-7 PUNKTE: Ihr seid wohl eher gute Bekannte als beste Freunde! Das ist aber auch nicht schlimm, ihr könnt euch ja immer noch besser kennen lernen und du weißt jetzt, was du deine Freundin noch fragen könntest.

8-15 PUNKTE: Ihr kennt euch ziemlich gut! Du kennst die wichtigsten Fakten über deine beste Freundin und der Rest ergibt sich bestimmt noch.

16-22 PUNKTE: Wow! Ihr seid wohl Seelenverwandte! Du kennst jedes dunkelste Geheimnis über deine BFF und auch sonst jedes Detail ihres Lebens!

Gesichter
in deinem Leben

Zeichne auf diese Seite die Gesichter
all der Leute, die du magst. Achte dabei
auf ihre besonderen Kennzeichen
sowie die Haar- und Augenfarbe.

Auf dieser Seite zeichnest du die Gesichter der Menschen,
die du nicht magst. Du kannst sie dabei auch total
übertrieben oder hässlich malen.

Herziges Freundschaftsarmband

freundschaftsarmbänder sind ein tolles Geschenk für deine beste freundin und zeigen allen, dass ihr zusammengehört.

SO GEHT'S

1 Verknote alle Fäden mit einem einfachen Knoten, lass dabei 20 cm für das geflochtene Schlussbändchen überstehen. Schiebe die Sicherheitsnadel durch den Knoten und befestige sie am Hosenbein, einem Kissen o.Ä.

2 Lege die Fäden in der im Knüpfmuster angegebenen Reihenfolge zurecht. Knote das Band gemäß Knüpfmuster bis zur gewünschten Länge.

DU BRAUCHST

- 4 Baumwollfäden in Farbe A, 130 cm
- 4 Baumwollfäden in Farbe B, 120 cm
- Sicherheitsnadel
- Schere

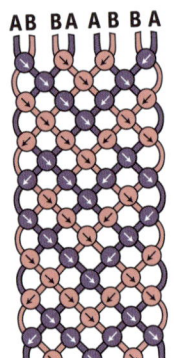

 Knüpfmuster

Die Kreise oben geben die Farben an, die Buchstaben die Position des Fadens im Muster. Jeder Kreis mit Pfeil steht für einen Knoten. Die Farbe gibt an, in welcher Farbe der Knoten nach dem Knüpfen erscheint. Der Pfeil darin zeigt an, um welchen Knoten es sich handelt. Jeder Knoten wird mit zwei Fäden gearbeitet. Dabei wird der eine Faden gehalten (= Haltefaden) und der andere um diesen herum geknüpft (= Knüpffaden). Die beiden Balken oberhalb des Kreises zeigen die Fäden, die für diesen Knoten verwendet werden. Die beiden Balken unterhalb des Kreises zeigen, wie die Fäden nach dem Knüpfen liegen. Geknüpft wird Reihe für Reihe von oben nach unten und von links nach rechts.

3 Prüfe die Länge des Armbands. Anfangs- und Endfäden für den Verschluss jeweils flechten.

Rechts-Rechts-Knoten

1 Der rechte Faden ist der Haltefaden. Den Knüpffaden (linken Faden) darüber legen, um den Haltefaden schlingen und nach rechts oben herausziehen. Dabei den Knüpffaden so lange nach oben ziehen, bis der Knoten am oberen Ende des Haltefadens festgezogen ist.

2 Den gleichen Knoten noch einmal wiederholen, d. h. den Knüpffaden wieder auf die linke Seite legen und wie oben beschrieben beenden.

3 Zur Kontrolle: Der Knüpffaden liegt nun nicht mehr links, sondern rechts vom Haltefaden. Deshalb zeigt der Pfeil des Symbols von links oben nach rechts unten.

Links-Links-Knoten

1 Der linke Faden ist der Haltefaden. Den Knüpffaden (rechten Faden) darüberlegen, um den Haltefaden schlingen und nach links oben herausziehen. Dabei den Knüpffaden so lange nach oben ziehen, bis der Knoten am oberen Ende des Haltefadens festgezogen ist.

2 Den gleichen Knoten noch einmal wiederholen, d. h. den Knüpffaden wieder auf die rechte Seite legen und wie oben beschrieben beenden.

3 Zur Kontrolle: Der Knüpffaden liegt nun nicht mehr rechts, sondern links vom Haltefaden. Deshalb zeigt der Pfeil des Symbols von rechts oben nach links unten

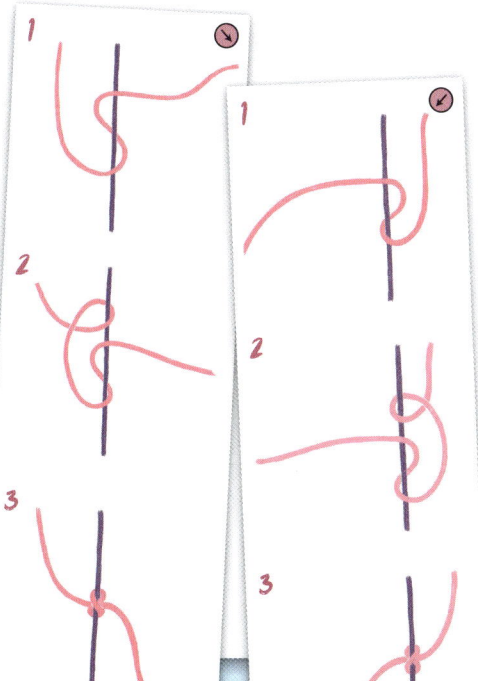

Best friends!

Zähle alle deine Freunde auf und schreibe daneben,
was du besonders an ihnen magst
und was dich manchmal an ihnen stört.

Name: ....

♥ ....

⚡ ....

Name: ....

♥ ....

⚡ ....

Name: ....

♥ ....

⚡ ....

Name:

Name: --

Name:

Name:

63

Nie im Leben!

Natürlich hast du deine Freundinnen und Freunde
sehr gern. Aber es gibt auch Grenzen! Was würdest du niemals
für Freunde tun, egal, wie sehr sie darum betteln?

Sorry!

Geheimnisse verraten, keine Zeit haben, den Crush ausspannen?!
Was würdest du deinen Freunden niemals verzeihen?

Ohne das geht's nicht!

Vertrauen, Respekt, Offenheit:
Was ist dir besonders wichtig in einer Freundschaft?

freundschafts-Mandala

Male dieses wunderschöne Mandala aus. Wenn du willst, kannst du die Seite auch kopieren und das ausgemalte Mandala deiner Bff schenken.

Für dein schönstes Foto

Egal, ob auf deinem Schreibtisch, neben dem Bett oder an deinem Frühstücksplatz: Auf einem Foto ist deine BFF oder dein Crush immer bei dir. Der Fotohalter macht's möglich.

DU BRAUCHST
- Holzklötzchen, ca. 3 cm Kantenlänge
- Chenilledraht
- Klebstoff
- Holzbohrer

SO GEHT'S

1 Bohre mit dem Holzbohrer an einer Seite ein Loch in das Klötzchen. Gib etwas Klebstoff ins Loch und stecke ein Ende des Chenilledrahts hinein. Trocknen lassen.

2 Forme das andere Ende des Chenilledrahts schneckenförmig und schiebe ein Foto dazwischen.

Lovely you
KREATIVTIPP

Wenn du keine Lust auf Bohren hast, kannst du anstelle des Holzklötzchens auch einen Quader aus Knete formen und den Chenilledraht hineinstecken.

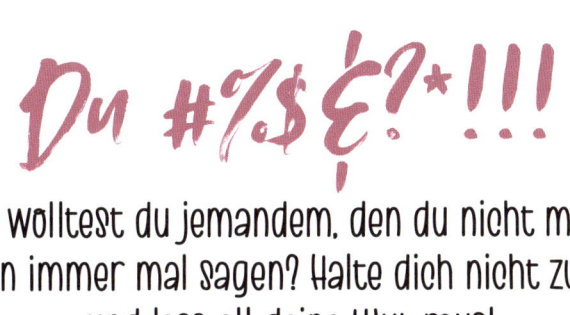

Du #%/$€?*!!!

Was wolltest du jemandem, den du nicht magst,
schon immer mal sagen? Halte dich nicht zurück
und lass all deine Wut raus!

Die Kleinen Dinge zählen

Über Geschenke freut man sich immer, ob sie klein oder groß sind, ist meistens egal. Mit welchen Kleinigkeiten könntest du deinen Freundinnen und Freunden eine Freude machen?

für wen?   Was?

Eine kleine
Besessenheit

Schreibe auf dieser Seite ein Wort immer wieder auf.
Das kann der Name deiner Bff oder deines Crush sein oder auch
etwas anderes. Benutze dabei verschiedenste Schriftarten.

Psssst...

Manche Gedanken, Erlebnisse oder Geheimnisse erzählt
man einfach niemandem – außer der besten Freundin.
Was ist das bei dir?

Supersüße Herzschokolade

Herzschokolade ist ein hübsches Geschenk
für Freundinnen und Freunde oder auch einfach
ein „Nervennahrung" für zwischendurch.

SO GEHT'S

1 Koche Wasser in zwei Kochtöpfen auf. Setze
jeweils eine hitzebeständige Schüssel so in
die Kochtöpfe, dass sie auf dem Rand auf-
liegt. Brich die Schokolade in Stücke. Gib die
Vollmilchschokolade in die eine und die weiße
Schokolade in die andere Schüssel und lass sie
schmelzen. Rühre die Schokolade dabei immer
wieder um.

2 Gib die Zuckerstreusel in die Silikonformen, sodass der
Boden jeweils bedeckt ist. Gieße anschließend die Vollmilchschokolade in die Formen; sie sollten nicht ganz
gefüllt sein. Fülle die Formen mit der weißen Schokolade auf
und zieh einen Zahnstocher durch die Schokolade, sodass
ein Muster entsteht. Stelle die Form in den Kühlschrank,
bis die Schokolade fest ist. Drück die Schokoladenherzen
zum Schluss vorsichtig aus den Formen. Fertig!

DU BRAUCHST

- 200 g Vollmilchschokolade
- 100 g weiße Schokolade
- 2 EL herzförmige Zuckerstreusel
  in Rosa

AUSSERDEM

- Silikonform mit 10–15 Herzen
- Zahnstocher

Dein perfektes Date

Romantisches Dinner im Restaurant oder entspanntes Treffen im Park? Was wäre dein perfektes Date und vor allem: mit wem?

Wie soll dein Crush sein?

Geschmäcker sind ja bekanntlich unterschiedlich.
Aber was gefällt dir am besten? Kreuze an.

Muscle ☐ ODER ☐ Brain

braunhaarig ☐ ODER ☐ blond

lange Haare ☐ ODER ☐ kurze Haare

Bücherwurm ☐ ODER ☐ Partytier

Fußball ☐ ODER ☐ Tennis

blaue Augen ☐ ODER ☐ braune Augen ☐ ODER ☐ grüne Augen

künstlerisch ☐ ODER ☐ musikalisch

schlau ☐ ODER ☐ schön

cooler Style ☐ ODER ☐ schicker Style

schüchtern ☐ ODER ☐ aufgeschlossen

chaotisch ☐ ODER ☐ ordentlich

kreativ ☐ ODER ☐ Computer-Nerd

Steht dein Crush auf dich?

Du bist verliebt und weißt nicht, ob dein Schwarm auch auf dich steht?
Ob du Chancen hast, ist gar nicht so schwer herauszufinden.

Augen auf!

Versucht dein Crush, Blickkontakt mit dir aufzunehmen? Schaut er dir unumwunden in die Augen, zeigt das, dass er interessiert ist. Vielleicht schaut er dich auch eine Sekunde länger an als notwendig? Das ist ein gutes Zeichen!

Kontaktwünsche

Ist dein Crush immer wieder „zufällig" in deiner Nähe? Hast du das Gefühl, er oder sie will in deiner Nähe sein? Sucht dein Crush Körperkontakt, wenn er oder sie mit dir spricht? Vielleicht landet von Zeit zu Zeit seine oder ihre Hand auf deinem Arm oder deiner Schulter oder streift zufällig mit der Hand an deiner Hand, wenn ihr redet? Und wenn eure Beine sich berühren, macht er oder sie auch keine Anstalten, sie wegzuziehen? All das spricht für großes Interesse!

Fragen ...

- 💜 Stellt er oder sie dir Fragen, wie es dir geht oder was du so machst?
- 💜 Zeigt er Interesse, an dem, was du erzählst?
- 💜 Geht er auf deine Antworten ein oder fragt nach?
- 💜 Merkt er sich Dinge, die du mal erzählt hast?

BINGO – DAS KLINGT GUT!

... und Antworten

- 💜 Antwortet er auf deine Messages?
- 💜 Und zwar prompt und ausführlich?

KLARES INTERESSE!

Was verrät die Körpersprache?

So zeigt er oder sie Interesse ...	... und so eher nicht
Er zeigt eine aufrechte, entspannte, lockere und offene Körperhaltung.	Er verschränkt die Arme oder vergräbt die Hände in den Hosentaschen.
Er strahlt über das ganze Gesicht, wenn er lacht.	Er lacht nur mit dem Mund.
Seine Füße zeigen in deine Richtung.	Seine Füße sind von dir abgewandt.
Er lächelt dich an und nickt zustimmend.	Er zieht die Augenbrauen hoch und runzelt die Stirn.

Verlegenheit

Ist dein Crush in deiner Gegenwart manchmal unsicher und weiß nicht, was er sagen soll? Wird er oder sie vielleicht sogar rot und verlegen, wenn ihr euch trefft? Dann hat er oder sie sicher genauso Herzklopfen wie du. Daumen hoch!

Humor

Lacht dein Crush über deine Witze – egal wie unwitzig sie vielleicht sind? Dann findet dein Gegenüber dich toll!

79

Weißt du noch ... ?

Bestimmt hast du mit deinen Freundinnen und Freunden schon einiges erlebt. Lustige Momente, traurige Momente und vieles mehr.

Was sind deine Lieblingserinnerungen?

Was gefällt dir besonders an dir? Ob äußerlich oder innerlich – zähle alles auf.

Wie nachhaltig ist dein Style?

Auswertung

Für jeden Kasten, den du auf der linken Seite angekreuzt hast, bekommst du 2 Punkte. Für jeden Kasten, den du auf der rechten Seite angekreuzt hast, bekommst du 1 Punkt.

5-8 PUNKTE:

Dein Style ist ziemlich nachhaltig! Mach weiter so!

9-10 PUNKTE:

Dein Style ist nicht besonders nachhaltig. Versuche, die Dinge auf der rechten Seite öfter umzusetzen.

Kreuze an, was besser auf dich zutrifft, und finde am Ende heraus, ob dein Style nachhaltig ist oder nicht.

Ich habe sehr viele Klamotten. ☐ ODER ☐ Ich habe nur das, was ich wirklich brauche und gerne trage.

Ich folge immer den neusten Trends. ☐ ODER ☐ Ich habe meinen eigenen Stil und kaufe Sachen, unabhängig davon, ob sie gerade im Trend sind.

Meine Klamotten kaufe ich immer im Internet und ich bekomme jede Woche mindestens ein Paket. ☐ ODER ☐ Ich achte darauf, meine Kleidung meistens in Second-Hand-Läden zu kaufen.

Ich schaue nicht auf Materialien, Hauptsache, die Klamotten gefallen mir. ☐ ODER ☐ Beim Shoppen achte ich darauf, dass die Kleidung nachhaltig hergestellt wurde.

Ich kaufe alles, was mir gefällt, aber manchmal kommt es auch vor, dass ich die Sachen nur einmal trage. ☐ ODER ☐ Ich kaufe nur Sachen, von denen ich mir wirklich sicher bin, dass ich sie oft trage.

So will ich einmal aussehen

Shoppingqueen

Was sind deine Lieblingsläden
und was gibt es dort zu kaufen?

Style No-Gos

Was würdest du niemals tragen?

Oberteile

....

....

....

Hosen

....

....

....

Röcke

....

....

....

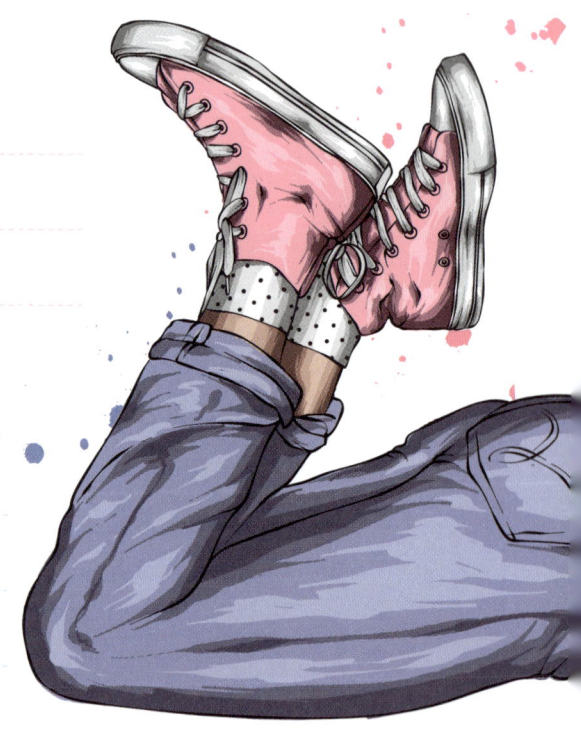

Outfit

_____

_____

_____

Frisuren

_____

_____

_____

Schmuck

_____

_____

_____

Make-up

_____

_____

_____

Dein Outfit für den Tag

Wie oft stehst du morgens vor dem Kleiderschrank und findest einfach nichts, was du heute anziehen könntest? Lass dich nicht stressen und überleg dir schon am Tag zuvor oder besser noch am Wochenende deine Styles für die Woche.

SO GEHT'S

1 Knicke die Papierstreifen jeweils in der Hälfte und schreibe in die rechte Hälfte mit Filzstift jeweils einen Wochentag von Montag bis Freitag.

2 Lege die Papierstreifen hälftig um die Bügelaufhänger und klebe sie fest.

3 Wähle eine Klamottenkombi für jeden Wochentag und häng sie auf den entsprechenden Bügel. Morgens holst du einfach den Bügel aus dem Schrank und ziehst die Klamotten an.

DU BRAUCHST

- 5 Kleiderbügel
- 5 Papierstreifen, 2 cm breit, 15 cm lang
- breiter Filzstift
- Klebstoff

Lovely you
KREATIVTIPP

Checke abends die Wettervorhersage, ob deine Kombi auch zum Wetter passt!

Tipps für dein Outfit

Nicht alles im Kleiderschrank lässt sich gut kombinieren.
Wie mixt du die Outfits abwechslungsreich?

Schlichte Basics

Schlichte Teile bilden die Grundlage für
dein Outfit für den Tag: Jeans, unifarbene
T-Shirts, Blusen, Hoodies oder andere
Oberteile lassen sich super mixen. Schwarze
Hose und schwarzer Pulli gehen immer!

Eyecatcher

Kombiniere die Basics mit coolem Schmuck, einer
knalligen Jacke oder einer stylischen Mütze, um
dein Outfit zu pimpen. Je schlichter die Basics,
desto auffälliger können die Eyecatcher sein.

Tipp

Leg dir immer auch schon passende
Unterwäsche für das jeweilige Outfit
zurecht – nicht dass das bunt geblümte
Bustier durch das weiße T-Shirt schimmert!

Style your hands!

An diesen Händen kannst du deiner Kreativität freien Lauf lassen.
Male verschiedene Nageldesigns, füge Ringe oder Tattoos hinzu.

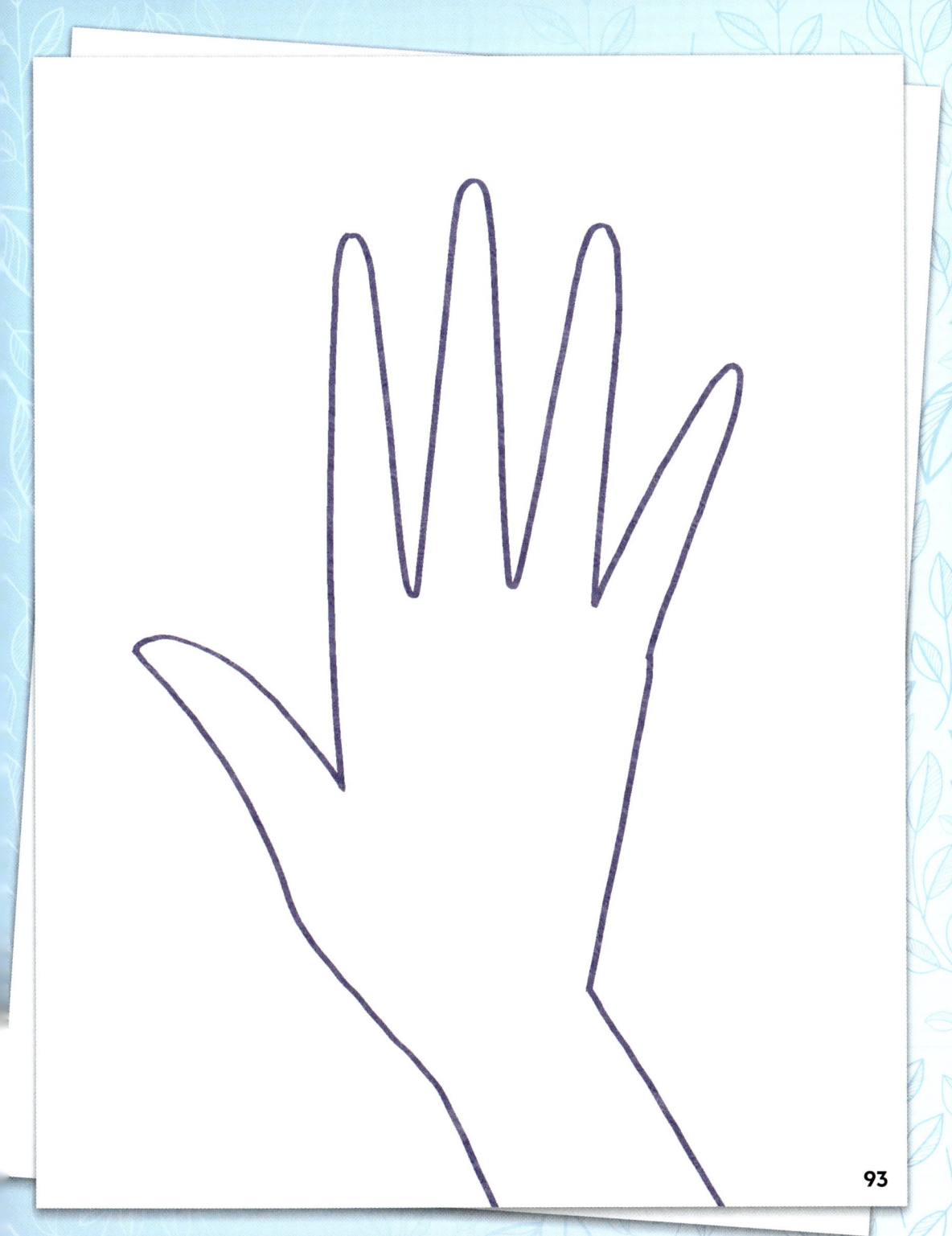

Shopping-
Katastrophen!

Fehlkäufe können schnell passieren. Liste auf,
welche Dinge du nie wieder kaufen wirst, um zu vermeiden,
dass du dieselben Fehler wieder machst.

Schuhe

Klamotten

Make-up

Skincare

Haircare

Schmuck

Parfum

Bodywear

95

Beauty Statements

Vervollständige die Sätze, sodass
sie zu deinem Style passen.

für eine Party style ich meine Haare am liebsten

Mein Lieblingsoutfit besteht aus

Zum Minirock passt am besten

Sneakers kombiniere ich niemals mit

Das perfekte Outfit für den Sommer ist

Meine Go-to-Frisur für den Alltag

Wide-Leg-Hosen kombiniere ich niemals mit

Die Jacke, die ich zu jedem Outfit tragen kann, ist

Meine Lieblingshandtasche passt am besten zu

Looking good!

Ein gepflegtes Aussehen ist weder kompliziert noch zeitaufwendig und es macht immer einen guten Eindruck.

Körperpflege

… ist das A und O für ein gepflegtes Äußeres. Duschen, Haare waschen, hautverträgliches Deo … das gehört einfach dazu. Trockenshampoo ist super, wenn deine Haare nur leicht fettig sind. Eine gut riechende Bodylotion ist oft ein guter Ersatz für Parfüm.

Mundpflege

Zwei- bis dreimal am Tag 3 Minuten Zähne putzen verhindert, dass die Zähne krank werden oder du unangenehm riechst. Zahnseide und Mundspülung machen die Zahnpflege perfekt.

Hautpflege

Alle bekommen mal Pickel! Bei großen Problemen mit deiner Haut solltest du zum Hautarzt. Wenn das nicht der Fall ist, kannst du Skincare-Produkte ausprobieren. Beachte dabei immer deinen Hauttyp: fettig, trocken oder normal? Waschgel, Gesichtscreme und Augencreme sollten zu deiner Haut passen.

Nagelpflege

Ein kurzer Blick auf deine Nägel: Wie sehen sie aus? Geschnitten, gefeilt und ohne schwarze Ränder? Perfekt! Wenn dein Nagellack abgesplittert ist, entferne immer die Reste.

Klamotten

Müffelndes T-Shirt und Jogginghose mit ausgebeulten Knien und Flecken? Das geht vielleicht zu Hause, ist aber ein No-Go, wenn du draußen gepflegt aussehen willst. Nicht vergessen: Schuhe regelmäßig putzen.

Pretty face

Es gibt so viel, was man mit Make-up ausprobieren kann!
Aber wenn du das noch nicht an deinem eigenen Gesicht
machen willst, kannst du dich auf dieser Seite ein wenig austoben.

Good morning!

Wie müsste dein Morgen aussehen, damit du mit
perfekter Laune in den Tag starten kannst?
früh aufstehen oder lieber ausschlafen?
Sport oder erstmal eine entspannende Tasse Tee?

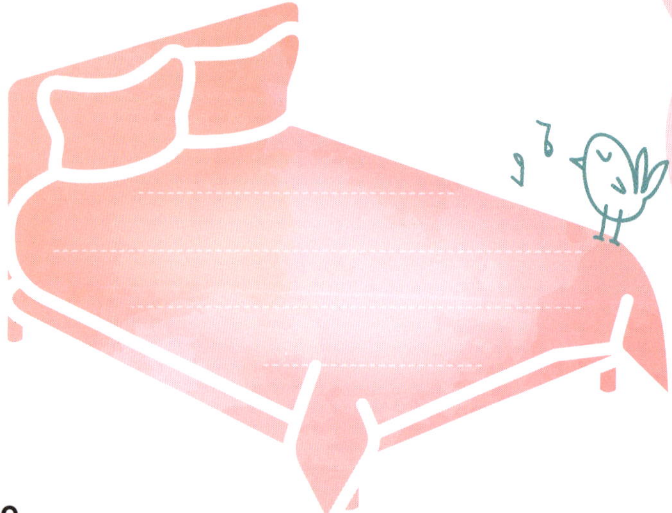

What's in your bag?

Schlüssel, Handy, Lippenpflege – manche Dinge müssen einfach immer mit. Was gibt es sonst noch in deiner Tasche, das du immer dabeihaben musst?

„That Girl" Gesichtsmaske

Eine Gesichtsmaske zu Hause herzustellen ist nachhaltiger,
als verpackte Masken im Drogeriemarkt zu kaufen.
Außerdem weißt du genau, was drin ist.

SO GEHT'S

1 Schneide von der Gurke 2 Scheiben ab. Gib die restliche
Gurke mit dem Quark in den Mixer und püriere die beiden
Zutaten.

2 Trage die Mixtur auf deinem Gesicht auf und lege auf jedes
Auge eine Gurkenscheibe. Lass die Maske ca. 15 Minuten
einwirken. Spüle sie danach mit lauwarmem Wasser ab.

DU BRAUCHST
- ½ Salatgurke
- 2 EL Quark

Schlaf gut!

Manche Rituale können das Einschlafen erleichtern und dich besser schlafen lassen. Was sind deine liebsten Abendrituale?

Abendrituale

– 1 –
Tee trinken

– 2 –
Ausgiebig lüften

– 3 –
Kurz vor dem Schlafengehen eine
Display-Pause machen

– 4 –
Lesen

– 5 –
Meditieren

– 6 –
Eine Playlist mit entspannender
Musik oder Naturgeräuschen hören

Meine Abendrituale

Mein perfekter Tag

Ein Tag voller Abenteuer und Aktivitäten oder lieber
ein Tag auf der Liege im Garten mit einem guten Buch?
Was wäre dein perfekter Tag?

Das Besondere an diesem Tag

Das möchte ich unternehmen oder erledigen

- ☐
- ☐
- ☐
- ☐
- ☐
- ☐
- ☐
- ☐
- ☐
- ☐
- ☐

Gesundheit & Fitness

Speiseplan

Morgens

Mittags

Abends

Snacks

Trinken ist wichtig

Wichtige Notizen

Darin bin ich ein Profi

Was kannst du besonders gut?
Was sind deine Talente?

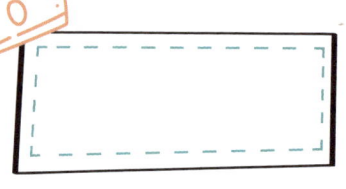

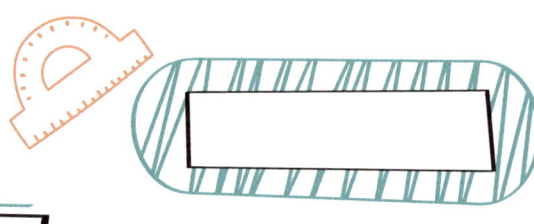

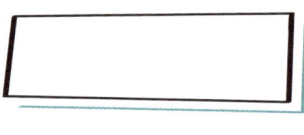

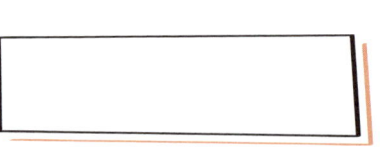

Let it bloom!

Male wunderschöne Blumen in diese leeren Vasen.

Freizeit Favourites

Ein ganzer Nachmittag freie Zeit für Lieblingsbeschäftigungen.
Was machst du? Kreuze an.

Fußball ☐ ODER ☐ Basketball

Tanzen ☐ ODER ☐ Reiten

Taek Won Do ☐ ODER ☐ Judo

Malen ☐ ODER ☐ Singen

Klavier ☐ ODER ☐ Gitarre

Geige ☐ ODER ☐ Flöte

Backen ☐ ODER ☐ Kochen

Puzzeln ☐ ODER ☐ Kreuzworträtsel

Gärtnern ☐ ODER ☐ Bücher schreiben

Meditieren ☐ ODER ☐ Yoga

Häkeln ☐ ODER ☐ Nähen

Joggen ☐ ODER ☐ Fahrradfahren

Shoppen ☐ ODER ☐ Skincare

Nägel lackieren ☐ ODER ☐ Haare tönen

Träumen ☐ ODER ☐ Tagebuch schreiben

Jetzt wird's sportlich!

Fußball, Tennis oder Tanzen: Welche Sportarten hast du schon ausprobiert? Bewerte sie mit 1-5 Sternen.

☆ ☆ ☆ ☆ ☆

....

☆ ☆ ☆ ☆ ☆

☆ ☆ ☆ ☆ ☆

....

☆ ☆ ☆ ☆ ☆

☆ ☆ ☆ ☆ ☆

....

Du hast noch nicht so viele ausprobiert? Kein Problem.
Beschreibe einfach, was dir an den Sportarten, die du kennst,
gefällt oder warum du damit aufgehört hast.

Happy

Kaktus

Auf diesen Seiten lernst du, wie du einen supersüßen One-Line-Kaktus zeichnest. Das Motiv ist perfekt für Geburtstags- oder Grußkarten für Freunde oder Familie.

① ② ③

④ ⑤ ⑥

Love
grows here ♥

Filme, Serien & Songs

Hier kannst du aufschreiben, welche Filme oder Serien du noch schauen, Bücher du noch lesen und Songs oder Podcasts du noch hören möchtest.

Filme

....

....

....

Serien

....

....

....

Bücher

Songs

Podcasts

Endlich Ferien!

Was machst du am liebsten in den Ferien?
Was darf auf keinen Fall fehlen?
Wie verbringst du am liebsten Zeit?
Allein, mit Freunden oder der Familie?

Kreativer Schub

Schau dich in deiner Umgebung um und zeichne das ausgefallenste Objekt, das du siehst. Je ausgefallener, desto besser!

Kreativ sein?
So klappt's

Wann hattest du zuletzt eine richtig gute Idee? Auf dem Weg zur Schule? Unter der Dusche? Oder als du mit deiner Freundin geredet hast? Gute Ideen kommen meist dann, wenn wir gar nicht daran denken.

Das kennst du vielleicht: Du sollst einen Aufsatz in Deutsch oder Englisch schreiben, du hast alles im Kopf, aber deine Gedanken wollen einfach nicht aufs Blatt. Du denkst krampfhaft nach, aber die richtigen Worte fallen dir nicht ein. Wenn wir uns zu stark auf etwas konzentrieren, blockiert unser Gehirn. Kreativität hat dann keine Chance.

Wenn du nicht krampfhaft Ideen finden willst, ...

In Situationen wie diesen kann es helfen, nicht mehr starr auf den Bildschirm oder das Blatt Papier zu starren, sondern die Augen im Raum schweifen zu lassen. Schau aus dem Fenster, steh auf, hol dir ein Glas Wasser oder geh an die frische Luft.

... finden die Ideen dich

Wenn unser Blick eingeschränkt ist, ist auch unser Denkorgan eingeschränkt. Gedanken gehen dann immer in dieselbe Richtung. Wenn unser Blick jedoch schweifen darf, können sich auch unsere Gedanken in neue Richtungen entwickeln und neue Ideen produzieren.

Also in Zukunft: Wenn dein Kopf festgefahren ist, lenk dich ab und denk an etwas anderes. Wenn du die Ideen nicht mehr aktiv suchst, werden sie dich finden.

Brain dump

IDEAS

Hier kannst du alles hinschreiben und hinkritzeln,
was dir in den Kopf kommt: Ideen für dein nächstes kreatives Projekt,
deinen nächsten Trip, deinen nächsten Event und vieles mehr ...

Koffer packen

Stell dir vor, du könntest an die exotischsten Orte reisen.
Was dürfte auf keinen Fall fehlen?
Packe deinen Koffer für ...

... einen Kamelritt durch die Wüste Sahara.

... einen Trip zum Südpol.

... einen Flug ins Weltall.

... eine Expedition in den Dschungel.

... einen Monat auf einer einsamen Insel.

Happy Holidays

Länder, Städte, Sehenswürdigkeiten – Welcher Urlaubstyp bist du? Kreuze an.

Großstadt ☐ ODER ☐ Countryside

Berge ☐ ODER ☐ Meer

Wüste ☐ ODER ☐ Regenwald

Fancy Hotel ☐ ODER ☐ Cozy Ferienwohnung

Faulenzen ☐ ODER ☐ Viel erleben

Sightseeing ☐ ODER ☐ Beach

Bergsteigen ☐ ODER ☐ Tauchen

Wollpullover ☐ ODER ☐ Sommerkleid

London ☐ ODER ☐ New York

Big Ben ☐ ODER ☐ Eiffelturm

HOLLYWOOD

Wien ☐ ODER ☐ Los Angeles

Dubai ☐ ODER ☐ Bali

Norwegen ☐ ODER ☐ Südfrankreich

Mexiko ☐ ODER ☐ Indien

China ☐ ODER ☐ Ägypten

Room with a view

Welche Aussicht hättest du gerne im Urlaub, wenn du aus dem Fenster des Hotels oder der Ferienwohnung schaust?

Around the world

Bist du schon viel herumgekommen?
In welchen Städten und Ländern warst du schon?

Zeichne die Länder ein oder schreibe die Städte auf:

Pyjamaparty!

Was darf bei deiner nächsten Übernachtungsparty auf keinen fall fehlen?

ein spannender film

gute snacks

freunde

Mein idealer entspannter Abend mit freunden ...

Meine ideale Party ...

Partytime!

Partymaus oder familienfeste – welche feste
und Partys hast du schon gefeiert?

Wann?   Was wurde gefeiert?

--------------------   ---

--------------------   ---

--------------------   ---

--------------------   ---

--------------------   ---

--------------------   ---

--------------------   ---

--------------------   ---

--------------------   ---

--------------------   ---

Welche Aussagen treffen auf dich zu?

Ich sitze bei einer Party in einer Ecke und unterhalte mich mit meiner besten Freundin. ☐ ODER ☐ Ich bin auf der Tanzfläche und tanze zusammen mit anderen Leuten.

Ich lerne ganz viele neue Leute kennen. ☐ ODER ☐ Ich verbringe nur Zeit mit meinen Freunden.

Ich bin fast jedes Wochenende auf einer anderen Party. ☐ ODER ☐ Ich bin eher selten auf Partys.

Beim Tanzen halte ich mich eher zurück und bleibe nur im Kreis meiner Freunde. ☐ ODER ☐ Beim Tanzen ist mir gar nichts peinlich.

Partysnack

Du suchst nach einem leckeren Snack für deine nächste Party?
Dann kommt hier das ultimative Rezept!

SO GEHT'S

1 Lege die Laugenbrezeln auf ein mit Back-
papier ausgelegtes Backblech und lass sie
10 Minuten leicht auftauen. Heize den
Backofen auf 180 °C vor.

2 Schneide die Frühlingszwiebeln in Ringe und
die Tomaten in Scheiben. Befreie die Paprika
von Samen und Scheidewänden und schneide
sie in Würfel.

3 Reibe für die Füllung den Käse und vermische
ihn mit Schmand, Frühlingszwiebeln, Paprikawürfeln
und Eiern in einer Schüssel. Würze die Füllung mit
Salz und Pfeffer.

4 Verteile die Füllung auf den Brezeln, lege die Tomatenscheiben
obenauf und backe die Brezelpizza 15 Minuten im Ofen.

5 Lass die Brezeln abkühlen. Guten Appetit!

DU BRAUCHST

- 10 Tiefkühl-Laugenbrezeln
  zum Aufbacken
- 2 Frühlingszwiebeln
- 100 g Kirschtomaten
- 1 Paprikaschote
- 150 g Käse (z. B. Emmentaler)
- 200 g Schmand
- 2 Eier
- frisch gemahlener
  schwarzer Pfeffer
- Salz

Bon appétit!

Was isst und trinkst du am liebsten?

Essen

Getränke

Dessert

Suppe

Das will ich nie wieder essen

Snacks

Vegetarisch oder vegan

Was wäre, wenn ...

Manches wird wahrscheinlich nie im Leben passieren.
Aber was, wenn doch ...?

Wenn ich im Lotto gewinnen würde, ...

Wenn ich zaubern könnte, ...

Wenn ich mich unsichtbar machen könnte, ...

Wenn ich mich teleportieren könnte, ...

Wenn ich in der Zeit reisen könnte, ...

Wenn ich alles machen könnte – ohne Konsequenzen, ...

_____

_____

_____

_____

Wenn ich die Zeit anhalten könnte, ...

_____

_____

Wenn ich eine Woche allein
auf der Welt wäre, ...

_____

_____

_____

_____

Wenn ich plötzlich ein Star wäre, ...

_____

_____

_____

Wenn morgen die Welt
untergehen würde, ...

_____

_____

_____

Was tun bei
Langeweile?

Wann war dir zum letzten Mal langweilig? Genießt du das Gefühl oder ist es für dich total negativ?

Es ist die 6. Stunde, und das Unterrichtsthema interessiert dich nicht die Bohne. Am liebsten würdest du aufstehen und das Klassenzimmer verlassen – was natürlich nicht geht. Die Minuten ziehen sich endlos wie Kaugummi. Geistig bist du überhaupt nicht bei der Sache. Deine Gedanken schweifen ab zu deinem Crush oder der Party vom letzten Wochenende.

Zu uninteressant, zu einfach, zu monoton

Langeweile entsteht, wenn wir etwas tun müssen, das wir als uninteressant empfinden. Auch wenn wir eine zu einfache oder monotone Aufgabe erledigen müssen, schwindet unsere Aufmerksamkeit schnell und das negative Gefühl der Langeweile stellt sich ein.

Das Blöde ist nur: Wir langweilen uns meist noch mehr, wenn wir darüber nachdenken, wie langweilig die Tätigkeit ist. Was also tun? Die Gedanken wandern lassen und nicht über die Aufgabe nachdenken. Oder in der Schulstunde sich einfach zwingen, zuzuhören. Manchmal wird selbst ein langweiliges Thema dann spannend.

Kann Langweile auch positiv sein?

Langeweile ist nicht immer negativ, sondern auch gut für unser Gehirn. Wenn wir zu viel in zu wenig Zeit erleben, ist unser Kopf manchmal überfordert. Das ist wie beim Kleiderschrank: Wenn du alles einfach reinstopfst, entsteht eine riesige Unordnung. Einfach nur dazusitzen und nichts zu tun, hilft unserem Gehirn, sich zu sortieren und Eindrücke zu verarbeiten. Und wer weiß: Vielleicht kommt dir dabei eine super neue Idee?

Kannst du Langeweile aushalten?

Mach den Test. Stell dir den Timer auf 1 Minute. Setz dich bequem und ruhig hin und tu gar nichts. Wie fühlst du dich? Nach und nach kannst du die Zeit erhöhen.

Fill the page!

Nimm dir eine Handvoll Buntstifte und fülle
diese beiden Seiten mit unterschiedlich großen Kästchen
in verschiedenen Farben. Auf den Seiten dürfen
zum Schluss keine weißen Stellen mehr zu sehen sein.

Nie mehr Langeweile

Wenn du einen langweiligen Nachmittag nicht als Kreativitätspause nutzen willst, sondern Action brauchst, dir aber beim besten Willen nichts einfällt: Hol dir Inspiration mit einem coolen Kartendeck.

SO GEHT'S

1 Mach eine Liste mit Aktivitäten, die du gern machst oder gern mal wieder machen möchtest. Finde 12 Aktivitäten für drinnen (indoor) und 12 für draußen (outdoor).

2 Schreibe auf jede pinkfarbene Karteikarte eine Aktivität für drinnen, auf jede blaue Karte schreibst du eine Aktivität für draußen.

3 Sortiere die Karten in einen Indoor- und einen Outdoor-Stapel. Wenn die Langeweile mal wieder zuschlägt, ziehst du einfach eine Karte. Die Aktivität, die du gezogen hast, musst du machen!

DU BRAUCHST
- 24 Blanko-Karteikarten, je 12 in Pink und in Blau, A7 oder A8
- Filzstift

Ideen für Indoor-Aktivitäten

- 7 Minuten Workout
- Sterne anschauen
- Verkleiden
- Tattoo auf den Arm malen
- Karaoke singen
- Postkarte schreiben
- Kuchen backen
- Milchshake trinken
- Stricken, nähen oder häkeln
- Podcast hören
- Laut lachen
- 3 neue Wörter lernen

Ideen für Outdoor-Aktivitäten

- Drachen steigen lassen
- Auf in den Wald
- Schaukeln
- Kino
- Picknick
- Museum
- Radtour
- Rollschuhfahren
- Zoo
- Flohmarkt
- Schaufensterbummel
- Spaziergang im Park

Mein perfektes Jahr

Sommer

Limo machen

Im Meer schwimmen

Frühling

Blumen pflanzen

Das erste Eis des Jahres essen

Herbst

Tee trinken

Einen Drachen steigen lassen

Winter

Einen Schneemann bauen

Weihnachtliche Filme schauen

Was möchtest du in diesem Jahr gerne erleben?
Mach dir eine Wish List für jede Jahreszeit.

Die ultimative
Bucket List

Das will ich unbedingt mal machen oder erleben!
Was ist es bei dir?

Und wenn du die Wahl hättest?
Kreuze an, wofür du dich entscheiden würdest.

Polarlichter sehen ☐ ODER ☐ Inselhopping in Thailand

Bungee-Jumping ☐ ODER ☐ Fallschirmspringen

Mit Haien tauchen ☐ ODER ☐ Eine Safari machen

Im Regen tanzen ☐ ODER ☐ In einer Karaokebar singen

Snowboardfahren lernen ☐ ODER ☐ Surfen lernen

Sterne beobachten ☐ ODER ☐ Einen Vulkan besteigen

Eine ganze Nacht aufbleiben ☐ ODER ☐ Den Sonnenuntergang sehen

Wale beobachten ☐ ODER ☐ Mit Delfinen schwimmen

Danke für ...

Wofür bist du besonders dankbar in deinem Leben?

I'm proud of myself!

Bestimmt hast du schon einiges geschafft.
Worauf bist du besonders stolz?
Es können auch ganz kleine Dinge sein.

Bye-bye, Zimmer-Chaos!

Dein Zimmer versinkt mal wieder im Chaos?
Hier sind Tipps, damit dein Zimmer wieder ein Ort wird,
an dem du dich wohlfühlen kannst.

Tägliches Chaos beseitigen

1
Erteile allen Dingen, die nicht in dein Zimmer gehören, einen Platzverweis: Tassen, Teller, ausgeliehene Stifte … raus damit!

2
Mach dein Bett.

3
Räume alle Oberflächen frei. Die Gegenstände kannst du auf dem Fußboden zwischenparken. Wisch die Oberflächen sauber. Räume die Gegenstände vom Boden wieder zurück.

4
Räum den Fußboden frei. Alles kommt an seinen Platz. Dreckwäsche in den Wäschekorb, saubere Kleidung in den Schrank.

5
Zum Schluss: Einmal durchsaugen und schon sieht es ordentlich aus.

Zimmer ausmisten – so klappt's

Es sind Ferien und du hast gerade etwas mehr Zeit?
Nutze die Gelegenheit und miste dein Zimmer aus.

1 Nimm dir eine Ecke oder einen Bereich vor, zum Beispiel deinen Kleiderschrank. Räume den Bereich komplett aus.

2 Nimm jedes einzelne Objekt in die Hand und entscheide: Brauchst du es unbedingt? Macht es dich glücklich? Hängen Erinnerungen daran? Wenn ja, darf der Gegenstand wieder zurück und wird ordentlich eingeräumt. Wenn nein, verlässt er dein Zimmer – für immer.

3 Dinge, die noch okay sind, kannst du verschenken oder verkaufen. Packe sie in einen Karton und überlege zusammen mit deinen Eltern, was du damit machst.

4 Was kaputt ist, entsorgst du.

Lovely you
KREATIVTIPP

Sobald dein Zimmer aufgeräumt und ausgemistet ist, fällt es auch leichter, Ordnung zu halten. 5 Minuten am Tag Aufräumen reichen aus, damit das Chaos nicht wiederkommt.

Belohn dich!

Ein Belohnungsglas ist eine prima Idee, wenn du dich mal wieder nicht aufrappeln kannst, deine Aufgaben zu erledigen.

SO GEHT'S

1 Sammle Ideen für Belohnungen, nachdem du eine schwere oder unangenehme Aufgabe erledigt hast. Schreibe auf jedes Holzstäbchen eine Idee.

2 Stell die beschrifteten Holzstäbchen in das Einmachglas. Jedes Mal, wenn du eine schwere oder unangenehme Aufgabe erledigt hast, ziehst du ein Holzstäbchen mit einer Belohnungsidee aus dem Glas.

DU BRAUCHST
- 10–15 Holzstäbchen zum Basteln, 1,8 cm breit, 15 cm lang
- Filzstifte in verschiedenen Farben
- leeres und sauberes Einmachglas

KINO
SHOPPEN
TAG MIT DER BFF

Lovely you
KREATIVTIPP

Wenn du möchtest, kannst du dir Kategorien für die Belohnungen ausdenken, zum Beispiel Selfcare, Hobbys, Kreatives oder Soziales. Wähle für jede Kategorie eine Farbe und male die Holzstäbchen an einem Ende entsprechend an.

Hier kannst du deine Ideen
für Belohnungen eintragen.

Kino

Tag mit der BFF

Shoppen

Let it flow!

Lass deine Gedanken fließen und schreibe irgendetwas auf diese Seite, egal was dir in den Kopf kommt.
Es könnte eine Art Tagebucheintrag sein, eine Kurzgeschichte, ...

My life in a nutshell

Wer oder was hat dein Leben bisher besonders beeinflusst?
Was sind deine bislang besten Erlebnisse und
größten Errungenschaften?

Kann Lernen
Spaß machen?

Lernen kann wirklich nervig sein!
Aber mit einigen dieser Tipps fällt es dir womöglich leichter.
Und wer weiß: Vielleicht machts dir auch richtig Spaß?

Mach's dir gemütlich!

In angenehmer Atmosphäre lernt sich's besser:
aufgeräumter Schreibtisch, genug Wasser, einen Snack für
zwischendurch und vielleicht eine schöne Kerze.

Denk an die Pausen!

· BRAINFOOD:
Manche Snacks sind gut
fürs Gehirn. Hilf deinem
Denkmuskel mit Wal-
nüssen, Früchten oder
auch Gemüse auf die
Sprünge.

· SPAZIERGANG:
Ein Spaziergang lüftet
das Gehirn durch. Du
bekommst neue Ein-
drücke und der Lernstoff
festigt sich.

· KURZES WORKOUT:
Sport steigert die
Gehirnleistung. Bring
dein Gehirn mit einem
5-Minuten-Workout in
Schwung.

ERINNERUNGSZETTEL:

Schreib dir Dinge, die du dir überhaupt nicht merken kannst auf einen Klebezettel, den du irgendwo anbringst, wie du häufig siehst.

SCHÖNE NOTIZEN:

Fertige Lernblätter an, von denen du gerne lernst. Benutze verschiedene bunte Farben, schöne Grafiken und verziere einzelne Themen mit Kästen.

ERKLÄREN
(aber für Dumme):

Erklär das Thema so einfach, dass es selbst der dümmste Mensch verstehen würde.

COOLE LERNTIPPS

VERANSCHAULICHUNG:

Übertrage komplizierte Themen in eine Mindmap, ein Fließdiagramm oder eine Zeichnung.

ESELSBRÜCKEN:

7 – 5 – 3: Rom schlüpft aus dem Ei. Erfinde lustige Merksätze für schwierige Fakten.

ERKLÄREN:

Erkläre Familienmitgliedern, Freundin oder Freund das gelernte Thema. Du wirst sofort merken, wo es noch hakt.

Mandala

Das Lernen und die vielen Hausaufgaben können schnell zu viel werden. Um wieder runterzukommen, male dieses schöne Mandala aus.

Motivation!!!

Was hilft dir, wenn du dich zu nichts aufraffen kannst?
Was motiviert dich? Gibt es Sprüche oder Bilder,
die dir auf die Sprünge helfen, oder Belohnungen,
die dich anspornen?

So lerne ich am besten

**Jeder Mensch lernt anders. Wie ist es bei dir?
Kreuze an, was auf dich zutrifft.**

☐ Am besten kann ich mir etwas merken,
wenn ich eine Mindmap zu dem Thema habe.

☐ Ich teile mir meine Arbeit gut ein.

☐ Ich muss komplett alleine sein, damit ich
die nötige Ruhe für meine Arbeit finde.

☐ Ich muss Dinge, die ich mir merken soll, hören.

☐ Ich lerne am besten, wenn es still ist.

☐ Ich mache es mir immer total gemütlich.

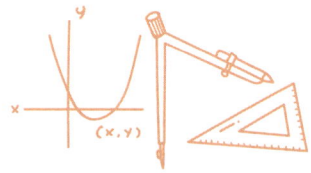

☐ Ich kann gut in einer Gruppe lernen,
weil ich direkt fragen stellen kann.

Lovely you
KREATIVTIPP

Du findest nicht die nötige Ruhe
zum Lernen? Probiers mal mit Noise
Cancelling Headphones oder häng
einfach ein „Bitte nicht stören"-Schild
an deine Zimmertür.

☐ Ich behalte mir Dinge super,
wenn ich mich dabei bewege.

☐ Ich brauche Hintergrundgeräusche wie leise Musik.

☐ Ich lerne am liebsten alles auf einmal.

Morgen, morgen,
nur nicht heute ...

Hausaufgaben machen, für die nächste Mathearbeit lernen, Zimmer aufräumen oder dich bei deiner Tante für das hässliche Geschenk bedanken, das sie dir zum Geburtstag geschickt hat – verschiebst du eine unangenehme Aufgabe auch schon mal gern auf später?

„Ich muss erst noch ..."

„Ich schau erst noch mal in Insta rein und mach das in einer halben Stunde", denkst du dann vielleicht. Oder: „Mathe schreiben wir erst in zwei Wochen, ich kann auch morgen noch lernen." Oder: „Ich muss erst noch mit dem Hund Gassi gehen." Aus „der halben Stunde" werden zwei Stunden, aus „morgen" wird übermorgen oder nächste Woche, und wenn du mit dem Hund wieder nach Hause kommst, ist es für die Aufgabe zu spät, weil das Abendessen auf dem Tisch steht.

... und dann wirds nichts!

Ergebnis: Das, was du eigentlich tun solltest, erledigst du nicht, sondern schiebst es auf. Und weil die Aufgabe so unangenehm ist, verschiebst du sie beim nächsten Mal wieder und wieder und am Ende wird sie gar nicht oder auf den allerletzten Drücker erledigt.

Aufschieben fühlt sich schlecht an

Vielleicht machst du ja Dinge, die dir keinen Spaß machen, immer sofort und hast noch nie unangenehme Aufgaben aufgeschoben. Wenn das so ist: Herzlichen Glückwunsch! Das ist super!

Vielleicht kennst du aber die „Aufschieberitis" aus eigener Erfahrung. Das Problem: Das Aufschieben fühlt sich nur im ersten Moment gut an. Die eigentlich anstehende Aufgabe geht einem aber nicht aus dem Kopf. Und je mehr man sie vor sich herschiebt, desto schlechter fühlt es sich an.

Was hilft gegen Aufschieberitis?

Das Gute ist, dass es einige Tricks gegen Aufschieberitis gibt. Sie helfen, die Zeit, die dir zur Verfügung steht, besser einzuteilen. Außerdem erhöhen sie die Motivation, auch eine unangenehme Aufgabe zu erledigen. Du willst die Tricks kennenlernen? Dann lies weiter auf der nächsten Doppelseite.

So kriegst du

Aufgaben erledigt

Ganz gleich, ob du unangenehme Aufgaben oder
alle Aufgaben flott erledigen willst: Einige Techniken
helfen dir dabei. Und wenn du es geschafft hast:
Belohnung nicht vergessen (siehe S. 156)!

Teilaufgaben

Teile die Aufgabe in mehrere Teilauf-
gaben ein. Statt „die Englischvoka-
beln auf Seite 20-21 lernen" könntest
du die Vokabeln in Päckchen von
10–12 Wörtern einteilen und die
Päckchen nacheinander abarbeiten.

Pomodoro-Methode

Bei der Pomodoro-Methode wechseln konzentrierte
Arbeit und Pausen ab. Schreibe zuerst alle Aufgaben
auf, die du erledigen musst. Überlege anschließend,
womit du anfangen willst. Stelle einen Timer auf
25 Minuten. Arbeite während dieser Zeit konzentriert
an der Aufgabe. Wenn der Timer klingelt, machst du
5 Minuten Pause. Dann geht's weiter mit 25 Minuten
konzentrierter Arbeit usw. Nach 4 Arbeitseinheiten
machst du 20–30 Minuten Pause. In den Pausen
kannst du etwas trinken, dich bewegen oder frische
Luft schnappen.

INFO

Die Pomodoro-Methode
wurde nach dem Timer ihres Erfinders
benannt, der die Form einer Tomate
(ital. pomodoro) hatte.

ALPEN-Methode

Die ALPEN-Methode hat ihren Namen von den Anfangsbuchstaben der fünf Schritte:

Aufgaben und Termine notieren: Erstelle eine Liste mit allen Aufgaben, die du erledigen musst.

Länge einschätzen: Schätze, wie viel Zeit du für die einzelnen Aufgaben brauchst.

Pufferzeit einplanen: Rechne ein wenig Zeit hinzu, falls Aufgaben länger dauern oder neue Aufgaben dazukommen

Entscheidungen treffen: Leg die Reihenfolge fest, in der du die Aufgaben erledigst.

Nachkontrolle: Checke, ob du alle Aufgaben nach deinem Plan erledigt hast. Falls nicht, setzt du die nicht erledigten Aufgaben auf die Liste für den nächsten Tag.

ABC-Methode

Bei der ABC-Analyse sortierst du die anstehenden Aufgaben danach, wie wichtig und dringend sie sind:

A-Aufgaben sind wichtig und dringend. Diese Aufgaben erledigst du zuerst; am besten zu einer Zeit, in der du dich gut konzentrieren kannst.

B-Aufgaben sind mittelwichtig und nicht so dringend. Diese Aufgaben erledigst du, wenn du dich nicht mehr so gut konzentrieren kannst, oder an einem anderen Tag.

C-Aufgaben sind gar nicht wichtig. Ihnen kannst du dich widmen, wenn A- und B-Aufgaben erledigt sind.

Mit dieser Methode kannst du verhindern, dass du unwichtige Aufgaben zuerst erledigst, weil sie scheinbar leichter sind, dafür aber wertvolle Konzentration verschwendest.

Life at school

Welche Lehrer magst du und welche nicht?
Wer ist der beste Sitznachbar und wer ist der schlechteste?

Beste Fächer

Lieblingslehrer

Schlimmste Fächer

Schlimmste Lehrer*innen

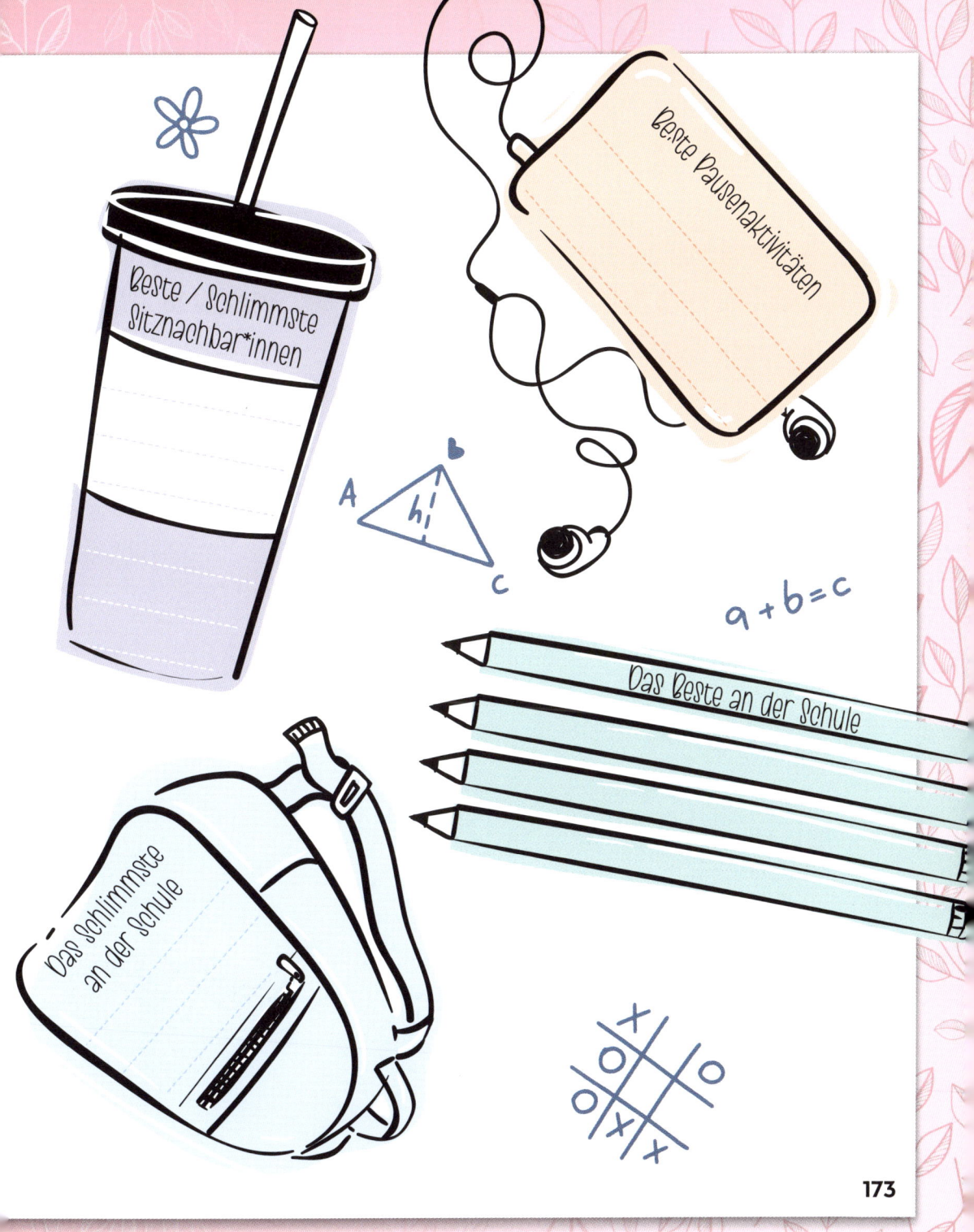

Beste / Schlimmste
Sitznachbar*innen

Beste Pausenaktivitäten

A h C

$a + b = c$

Das Beste an der Schule

Das Schlimmste
an der Schule

Mein Traumberuf

Weißt du schon, was du später mal machen möchtest?
Hier kommen ein paar Berufe zur Auswahl. Was ist dein Ding?

Astronautin ☐ ODER ☐ Bäckerin

Gärtnerin ☐ ODER ☐ Fußballerin

Tänzerin ☐ ODER ☐ Popstar

Influencerin ☐ ODER ☐ Streamerin

Ingenieurin ☐ ODER ☐ Anwältin

Malerin ☐ ODER ☐ Schriftstellerin

Meeresbiologin ☐ ODER ☐ Tierärztin

Krankenschwester ☐ ODER ☐ Altenpflegerin

Klamottenverkäuferin ☐ ODER ☐ Handyverkäuferin

Köchin ☐ ODER ☐ Restaurantkritikerin

KfZ-Mechatronikerin ☐ ODER ☐ Schreinerin

Chemielaborantin ☐ ODER ☐ Bürokauffrau

Reitlehrerin ☐ ODER ☐ Musiklehrerin

Richterin ☐ ODER ☐ Regisseurin

Architektin ☐ ODER ☐ Journalistin

Erzieherin ☐ ODER ☐ Lehrerin

Polizistin ☐ ODER ☐ Feuerwehrfrau

Psychologin ☐ ODER ☐ Chirurgin

175

Move it!

Du willst mehr Bewegung in deinen Alltag einbauen?
Kein Problem, die Hausaufgaben sind ideal dafür.
Die sportlichen Einheiten helfen nicht nur deinem Körper,
fit zu bleiben. Sie machen auch den Kopf frei!

Pausen-Sport

Kurze Sporteinheit kannst du super in die Hausaufgaben einbauen. Du hast Mathe erledigt: Spring
30 Mal den Hampelmann. Nach den Deutsch-
Hausaufgaben machst du 20 Kniebeugen. Im
Anschluss ans Geschichtelernen sind 5 Liegestütze fällig. Und: Wer sagt, dass man Hausaufgaben nur im Sitzen machen kann? Im Stehen oder
Gehen arbeiten ist gesund. So lassen sich ideal
Vokabeln lernen oder ein Referat üben.

Arme dehnen

Streck den linken Arm nach vorn,
die Hand winkelst du nach oben
ab. Leg die Finger der rechten
Hand von oben und vorn über die
Finger der linken Hand und zieh die
linke Hand mit der rechten Hand
zurück. Anschließend wechselst du
die Arme.

Lovely you
KREATIVTIPP

Du schaffst keine Liegestütze auf dem
Boden? Kein Problem. Stell dich vor deinen
Schreibtisch und stütze die Hände auf die
Tischkante. Tritt einen großen Schritt zurück
und stell die Füße hüftbreit auf. Und jetzt:
Los geht's mit Liegestützen!

Muskeln lockern

Lang am Schreibtisch sitzen ist Gift für den Nacken. Lockere deine Muskeln, indem du den Kopf zuerst 30 Sekunden in eine Richtung, danach 30 Sekunden in die andere Richtung kreisen lässt.

Dehne anschließend den Kopf abwechselnd nach links und nach rechts, als wolltest du dein Ohr auf die Schulter legen. Schultern nicht hochziehen.

Führe das Kinn zum Schluss zur Brust und zieh dabei die Schultern nach unten. 20 Sekunden halten. Lege die Hände auf den Hinterkopf und drück den Kopf nach hinten dagegen. Wichtig: Der Kopf darf sich nicht nach hinten bewegen. Die Hände müssen ausreichend Gegendruck aufbauen.

Augen-Yoga

Viel lesen strengt häufig auch die Augen an. Gönne ihnen eine Pause mit ein wenig Gymnastik. Bewege die Augen 25 Mal nach links und nach rechts. Anschließend bewegst du sie 25 Mal nach oben und nach unten. Danach lässt du die Augen kreisen: 20 Sekunden im Uhrzeigersinn, 20 Sekunden gegen den Uhrzeigersinn. Schau 10 Sekunden auf deine Handfläche. Schau direkt im Anschluss 10 Sekunden aus dem Fenster. Wechsle 4–6 Mal zwischen Nähe und Ferne.

Jetzt darf ich bestimmen!

Bestimmt hast du Ideen, was in deiner Schule
oder in deiner Stadt besser laufen könnte.
Hier darfst du bestimmen, was gemacht wird.

Wenn ich Bürgermeisterin meiner Stadt wäre,

Wenn ich Direktorin meiner Schule wäre,

Wenn ich eine eigene Firma hätte,

Wenn ich die reichste Frau der Welt wäre,

_____

_____

Wenn ich eine Superheldin wäre,

_____

_____

Wenn ich „Präsidentin der Welt" wäre,

_____

_____

Wenn

_____

_____

Entspannen, aber richtig!

Schule, Freunde, Familie, der erste Crush: Das alles kann schnell zu viel werden. Hier kommen Tipps für schnelle Entspannung.

Mit den Zehen wackeln

Einfach aber wirkungsvoll: Wenn wir mit den Zehen wackeln, wird das Gehirn von dem gerade erlebten Stress abgelenkt und entspannt.

Atmen

Atemübungen sind ein guter Weg zum Entspannen. Probier doch mal die Herzatmung: 5 Sekunden einatmen, 5 Sekunden ausatmen. Wiederhole die Übung mindestens fünfmal oder so oft, bis du dich entspannter fühlst.

Tipps für die tägliche Entspannung

- Mindestens 8 Stunden Schlaf
- Bewegung: Sport, tanzen oder einfach den ganzen Körper zu Musik schütteln
- Raus in die Natur: Spaziergänge oder einfach im Park oder Wald auf einer Bank sitzen

- Meditation: Schon das bewusste Atmen ist eine kleine Meditationsübung. Auf Youtube findest du Videos mit geführter Meditation für Anfänger.
- Gesunde und ausgewogene Ernährung
- Soziale Kontakte: Umgib dich mit Menschen, die dir guttun.

Lovely you KREATIVTIPP

HAPPY HUGS: Lass dich von Menschen, die du magst, umarmen. Das senkt den Stress und macht glücklich!

Calm down!

Wenn du gestresst bist, ist jetzt die beste Gelegenheit, Entspannungsmalen auszuprobieren.

Dazu malst du zuerst eine Linie über die gesamte Seite, die sich mehrfach überkreuzt; je mehr Kreuzungen es gibt, desto mehr einzelne Flächen entstehen. Male anschließend die entstandenen Flächen mit fünf verschiedenen Farben aus. Angrenzende Flächen dürfen nicht dieselbe Farbe haben.

Wie nervig!

Gibt es Dinge, die dich so richtig nerven oder stressen?
Was ist es? Und vor allem: Was hilft dagegen?

Das nervt mich

Das stresst mich

Das hilft

Safe im Netz

Dank Internet gibt es Tiktok, Snapchat & Co. – aber auch Passwortdiebstahl, Onlinebetrug, Cybermobbing und Grooming. Wie schützt du dich?

- Verwende starke **Passwörter** aus mindestens acht Zeichen. Sinnvoll ist ein Mix aus Groß- und Kleinbuchstaben, Zahlen und Sonderzeichen (Ausrufe- oder Fragezeichen). Wichtig: Passwort regelmäßig ändern.

- Mach häufig **Backups**, um deine Dokumente, Fotos und Videos zu sichern.

- Lade Software-**Updates**, um Sicherheitslücken zu schließen.

- Öffne keine E-Mails, Textnachrichten, **Links** oder **Mail-Anhänge** von Absendern, die du nicht kennst. Phishing/Smishing-Gefahr!

- Überleg dir, was du postest. Ist das **peinliche Foto** von dir erst online, hilft löschen nichts. Jeder kann es kopieren oder teilen.

- Überleg dir genau, welche **Freundschaftsanfragen** du annimmst. Mit einem völlig Fremden würdest du auf der Straße auch kein Gespräch beginnen, oder?

- Gib im Netz keine **persönlichen Informationen** wie Adresse oder Geburtsdatum preis. Du würdest das auch keinem Wildfremdem anvertrauen.

- Menschen, die du **(nur) online** triffst, sind nicht immer, wer sie zu sein vorgeben. Manchmal existieren sie nicht einmal. Vertraue niemandem.

Wie safe
bist du im Netz?

Was unternimmst du schon, damit du im Netz sicher bist?
Hier kannst du's checken.

☐

☐

☐

☐

☐

☐

☐

☐

☐

☐

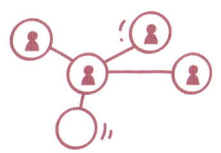

Cringe!

Was sind die peinlichsten Wörter, die Erwachsene benutzen? Und was sind die unangenehmsten Dinge, die sie tun?

Wie peinlich!

Voll unangenehm!

Diese Message

würde ich gerne bekommen

Cybermobbing:
Wehr dich dagegen!

Beleidigungen, Hass-Postings und peinliche Bilder, die auf Snapchat oder Insta in Umlauf gebracht werden, muss sich niemand gefallen lassen. Was kannst du gegen Cybermobbing tun?

Vielleicht ist eine deiner Freund:innen oder Mitschüler:innen schon mal auf Snapchat, Insta oder Whatsapp beschimpft oder beleidigt worden. Vielleicht wurden peinliche Bilder herumgeschickt oder gemeine Lügen über ihn oder sie verbreitet. Für Betroffene haben diese Angriffe oft schwerwiegende Folgen. Mobbing darf auf keinen Fall toleriert werden. Kein Mensch hat das Recht, einen anderen zu verletzen oder zu beleidigen. Hol dir auf jeden Fall Hilfe, wenn du selbst betroffen bist.

♥ Mach einen Screenshot. Damit kannst du die Attacke beweisen.

♡ Informiere deine Eltern oder Lehrer. Wenn du dir zunächst mal anonym Rat holen willst, kannst du dich an *www.juuuport.de* wenden oder die Nummer gegen Kummer *116111* anrufen.

♥ Blockiere die Nummer des Absenders oder der Absenderin, um weitere Attacken zu vermeiden.

♡ Melde die Postings mit deinen Eltern bei den Beitreibern der Social-Media-Plattformen. Mehr dazu auf: *www.saferinternet.at/ wie-kann-ich-cyber-mobbing-in-einem-sozialen-netzwerk-melden*

♥ Du kennst die Person, die dich attackiert, persönlich? Sage oder schreibe ihr, dass dich ihr Verhalten verletzt und dass sie sofort damit aufhören soll.

♡ Informiere dich zusammen mit deinen Eltern über gesetzliche Regelungen. Wer dich beleidigt oder ungefragt Bilder von dir verbreitet, macht sich strafbar.

♥ Lade dir die „*Cyber-Mobbing Erste-Hilfe-App*" auf dein Handy. Darin findest du Tipps und Infos, was du bei einer Cybermobbing-Attacke tun kannst.

Die coolsten Apps!

Welche Apps müssen deiner Meinung nach noch unbedingt erfunden werden? Und was kann man mit ihnen machen?

Auszeit am Handy

Eigentlich wolltest du nur schnell eine Snapchat-Nachricht beantworten ...

... und dann konntest du dich einfach nicht mehr vom Handy losreißen. Schnell ein paar Likes verteilen, das neueste Reel deiner Lieblingsinfluencerin kommentieren, ein paar Snaps austauschen und schon hast du total das Zeitgefühl verloren.

Ein „Pling" für mehr Aufmerksamkeit

Social Media gehören natürlich zu unserem Alltag dazu. Aber mal ehrlich: Wie oft greifst du einfach nur aus Langeweile zum Handy oder weil du Angst hast, die neusten Posts und Storys auf Whatsapp, Instagram, Tiktok oder Snapchat zu verpassen und dann nicht mehr mitreden zu können? Wie oft bleibst du einfach am Smartphone „hängen", weil auf Tiktok ständig neue Clips erscheinen, die du dir anschaust? Wie oft checkst du selbst bei den Hausaufgaben oder wenn du mit Freundinnen zusammen bist deine Newsfeeds und schnappst dir sofort dein Handy, wenn ein „Pling" eine neue Nachricht ankündigt? Wenn du jetzt jede Frage mit „sehr oft" beantwortet hast, machst du genau das, was die Apps von dir wollen: deine ständige Aufmerksamkeit und dass du viel Zeit mit ihnen verbringst.

Time out!

Vielleicht hast du dir aber schon mal Gedanken über deine Handy-nutzung gemacht und gar keine Lust mehr auf die ständige Ablenkung? Vielleicht hast du den Eindruck, dass du mit den Social-Media-Apps viel Zeit einfach sinnlos verschwendest? Vielleicht wird dir die ganze Flut an Nachrichten auch manchmal zu viel? Vielleicht willst du dir den ganzen Stress nicht mehr geben?

Dann ist es Zeit für eine Auszeit. Du musst die Apps nicht gleich von deinem Handy löschen. Versuchs für den Anfang mal mit einer handy-freien Zone, zum Beispiel an deinem Schreibtisch oder im Wohnzimmer, oder festen handyfreien Zeiten, zum Beispiel beim Abendessen oder vor dem Schlafengehen. Wichtig: Handy stumm schalten!

Handy aus – und dann?

Du kannst lesen, basteln, malen, mit deiner Katze oder deinem Hamster spielen, mit deiner BFF einen Spaziergang machen, beim Auto-, Bus- oder Zug-fahren mal aus dem Fenster statt auf den Hand-yscreen schauen, ein neues Hobby anfangen oder ein altes wiederentdecken. Und für die Zukunft: Nutze dein Smartphone bewusst und zielgerich-tet und vermeide sinnloses Scrollen.

Bist du handysüchtig?

Auswertung

Für jedes Kreuz in der linken Spalte bekommst du 1 Punkt.

Für jedes Kreuz in der rechten Spalte bekommst du 2 Punkte.

7-10 PUNKTE:

Du hast eine ziemlich gesunde Beziehung zu deinem Handy.

11-14 PUNKTE:

Du scheinst ziemlich abhängig von deinem Handy zu sein. Versuche, deine Bildschirmzeit zu reduzieren und such dir wenn nötig Hilfe.

Welche Aussagen treffen auf dich zu? Kreuze sie an und erfahre, wie abhängig du von deinem Handy bist.

Wenn ich Zeit mit meinen Freunden verbringe, lasse ich mein Handy entweder zu Hause oder in meiner Tasche. ☐ ODER ☐ Meine Freunde und ich sind sehr viel an unseren Handys, wenn wir zusammen sind.

Bevor ich schlafen gehe, lege ich mein Handy weg. ☐ ODER ☐ Ich bin an meinem Handy, bis ich einschlafe.

In der Schule ist mein Handy ausgeschaltet und ich benutze es nur fürs Recherchieren. ☐ ODER ☐ Obwohl es verboten ist, bin ich während der Schulzeit oft am Handy.

In meiner Freizeit habe ich viele Hobbys, für die ich mein Handy nicht brauche. ☐ ODER ☐ Meine Freizeit verbringe ich meistens am Handy.

Ich könnte mein Handy ohne Probleme einen ganzen Tag nicht benutzen. ☐ ODER ☐ Wenn ich mein Handy längere Zeit nicht benutze, werde ich nervös.

Ich habe nur die Apps auf meinem Handy, die ich wirklich brauche. ☐ ODER ☐ Ich habe sehr viele Apps auf meinem Handy, mit denen ich mich den ganzen Tag beschäftigen könnte.

Ich nutze mein Handy bewusst und lege es weg, wenn ich es nicht mehr brauche. ☐ ODER ☐ Häufig bleibe ich am Handy hängen, obwohl ich nur eine Kleinigkeit checken wollte.

Stars und Sternchen

Influencer*innen, Sänger*innen, Schauspieler*innen:
Wer sind deine Lieblingsstars?
Und warum magst du sie so sehr?

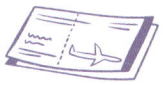 

⭐ --

☆ --

★ --

☆ --

✩ --

★ --

✫ --

☆ --

✤ --

199

Du als Influencerin!

Wie würdest du als
Influencerin aussehen?
Male dein Outfit
über die Figur.

Notizen

ICH WOLLT' DIR
MAL EBEN EINEN
tollen TAG
wünschen.

Du bist
GENAU
RICHTIG,
so wie du bist!

Noch mehr zuckersüße Produkte zum Liebhaben!

Entdecke viel mehr farben-frohe Bücher und Sets unter

www.topp-kreativ.de

GTIN: 4007742185237
GTIN: 4007742185237

ISBN: 978-3-7358-9136-5

GTIN: 4007742185329
GTIN: 4007742185336

GTIN: 4007742185138

GTIN: 4007742185121

Noch mehr kreative Inspiration gesucht?

ISBN 978-3-7724-4792-1

ISBN 978-3-7358-8020-8

ISBN 978-3-7358-9069-6

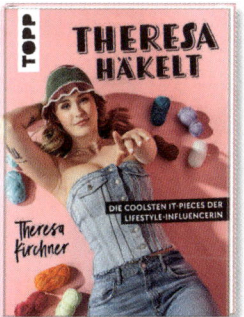

ISBN 978-3-7358-9088-7

ISBN 978-3-7358-9126-6

ISBN 978-3-7358-9103-7

ISBN 978-3-7358-9130-3

ISBN 978-3-7358-9141-9

ISBN978-3-7358-9129-7

Viele weitere Kreativ-Bücher findest du auf www.TOPP-kreativ.de

Service-Hotline

Hast du Fragen oder gibt es ein Problem?
Wir helfen dir gern. Ruf uns an oder
schreib uns eine E-Mail:

Telefon: **0711 / 123 757 20***
*normale Telefongebühren

E-Mail: **hilfe@frechverlag.de**

Impressum

MODELLE/ANLEITUNGEN: S. 12: Petra Heider (TOPP 28020, S. 140); S. 13: Ingrid Hesselbach (TOPP 28020, S. 120); S. 14: Ingrid Hesselbach (TOPP 28020, S. 121); S. 15: Petra Heider (TOPP 28020, S. 129, 140), Ingrid Hesselbach (TOPP 28020, S. 132, 133); S. 60/61: Heike Roland, Stefanie Thomas (TOPP 25059, S. 30–33); S. 68: Lisa Weinrank (TOPP 4631, S. 65); S. 111: Natalia Skatula (TOPP 28020, S. 99); S. 116/117: Heinke Nied (TOPP 4792, S. 36, 37); S. 156: Lisa Weinrank (TOPP 4631, S. 43)

ILLUSTRATORIN: Tina Schulte (Belohnungsglas, S. 156; Fotohalter, S. 72; Kartenstapel, S. 144; Knoten, S. 64/65; Kreuzstich, S. 54/55; Mädchen, S. 7, Umschlagsklappe; Nuss/Nusshälfte, S. 160/161)

PRODUKTMANAGEMENT: Mirjam Buchwald

TEXT: Lilian Kanoffsky, Christine Schlitt

LEKTORAT: Christine Schlitt

COVERGESTALTUNG: Eva Hook

LAYOUT UND SATZ: Konstanze Laue

DRUCK UND BINDUNG: PNB Print Ltd, Lettland

1. Auflage 2024
© 2024 frechverlag GmbH, Dieselstr. 5,
70839 Gerlingen, einem Unternehmen der
Penguin Random House Verlagsgruppe GmbH,
München
ISBN 978-3-7358-9137-2 · Best.-Nr. 29137

Penguin Random House Verlagsgruppe
FSC® N001967

FSC MIX
Papier | Fördert
gute Waldnutzung
FSC® C084698
www.fsc.org